萇山의 慰撫

장산의 위무

한시용 제3 시조집

해암

| 시인의 말 |

장산을 진산이라고 부르지만 저는 고대 역사가 살아 숨쉬는 영산이라고 생각합니다. 곳곳에 절이 있고 토속신을 모신 신당이 있으며, 기도 도량이 있어서 때때로 내 몸과 마음의 휴식처가 되곤 하였습니다.

우리집 뒷 창문을 열면 옥녀봉이 손짓하고 산 정상에 올라가면 절경 수영만이 한 눈에 들어와서 해안선 따라 굽이굽이 흘러갑니다.

마고당 앞 너덜겅 바위 위에 앉아 이 생각 저 생각하며 떠올렸던 상념들을 한데 모아 시조와 시로 엮어 놓고 보니 아쉬움과 부끄러움이 앞을 섭니다.

격려의 마음으로 읽어 주시고 부족한 부분은 그대의 고운 시상으로 감싸 주시기 바랍니다.

감사합니다.

2019년 01월 15일

한 시 용

차례

1부 장산

2부 석등

차례

3부 솔바람 소리

4부 발언대

1부

장산

장산 산책길

봄이 오면 개나리꽃
가을 오면 고운 단풍

새들의 노랫소리
물소리 청아하고

산사의
염불소리가
계곡따라 흐른다

장산 계곡

– 봄 –

진달래꽃 꽃물들어
일렁이는 물 위에는

파랑새 한 두쌍이
멱감으러 날아들고

범나비
실바람 타고
너울너울 춤춘다

장산 계곡

- 여름 -

시원한 골바람과
푸른 숲 맑은 냇물

어른들은 발 담그고
아이들은 물장구를

한 여름
찜통 더위가
숲속으로 숨는다

장산 계곡
- 가을 -

낙엽이 떨어져서
물 위에 떠서 놀고

부지런한 날다람쥐
도토리 모으는데

산새는
나무 위 앉아
구슬프게 울고 있다

장산 계곡

- 겨울 -

찬바람이 내리 불어
갈대잎은 서걱이고

계곡따라 등산객들
연이어 오르는데

물가엔
백로 한 마리
불교음악 듣고 섰다

이수도

뱃길로 십분거리
바닷물이 이로운 섬

흰학이 손짓하고
갈매기 마중하는

해변의
민박집 저녁
해물반찬 푸짐하다

몽골의 문화

가도가도 넓은 초원 말떼들이 풀을 뜯고
게르촌 옹기종기 몽골인의 삶의 표상
달리는 말발굽 리듬 춤 노래가 경쾌하다

몽골제국 호령하던 징기즈칸 얼을 기려
마동상 높게 세워 후예들은 자부하며
세기의 부강한 국가 재 융창을 꿈꾼다

얼굴 생김 걷는 모습 우리와 거의 같고
이국의 도심인데 낯설은 느낌없다
언덕위 돌무지 어워 우리 마을 서낭당

을숙도 철새 도래

강물과 바닷물이
어우르는 갈대숲에

해마다 철새들이
잊지않고 찾아온다

정들은
보금자리가
그리웁고 못 잊어서

장산의 위무

머리가 어지럽고 마음이 심란할 때
장산의 숲속 길을 혼자서 걸어가면
산사의 염불소리가 위로말을 전해온다

근심걱정 덜고 싶어 장산을 오르다가
너덜겅 바위 위에 한숨을 토해내면
신성한 천재단 바람 달려와서 달래줘

어젯밤 꿈자리가 어찌나 사나운지
장산의 신령님께 무사안위 합장기도
어느새 짙은 먹구름 안개처럼 걷히네

바람

나무가 춤을 추고
구름이 흘러간다

언제나 어디서나
얼굴을 감추고서

때로는
치맛자락에
돌변하면 태풍 되고

가을 바람

선들선들 살랑살랑
가을 바람 불어온다

남쪽에서 건들바람
동쪽에서 강쇠바람

스치고
지나간 자리
황금물결 고운 단풍

생명사랑

길고양이 새끼낳고 어미는 바로 죽어
가여운 그 새끼들 농장으로 데려와서
아프면
병원 진료로
정성스레 키우다

좋은 인연 만나기란 인력으로 안되는 것
끔찍한 아동 학대 비정의 현실 보며
꽃 농원
생명사랑 담談
귀감되어 울린다

만리장성

고대하던 만리장성 상상하며 올라가서
성곽을 바라보니 십리허에 벽돌 성벽
만리를 다 보아야만 기대감에 족할까

커다란 용 한마리 만리를 달려간다
산등성 누비면서 하늘로 날아 갈 듯
그 위용 자랑하면서 입을 벌려 용틀임

외적을 막기 위해 성벽 쌓기 강제 동원
맹강녀 범기량의 희생을 생각하니
저 벽돌 하나하나에 영혼의 한 서려있네

용경협

여기가 무릉도원
아니야 선경 낙원

비경에 넋을 잃고
어안이 벙벙하여

협곡을
지날 때마다
상상초월 꿈같다

자금성

그 날의 황제처럼
금역의 뜰 걷다보니

거대한 자금성이
대국임을 과시하고

팔백 채
궁전 지붕이
날아갈 듯 날개폈다

가마소

부잣집 가마솥
많이 모아 넉넉하고

퍼주며 나누며
정이 가득 넘친다

푸른물 속이 깊어
보자하니 눈시리어

그 옛날 멱감던 선녀들
물 위에 어른거리네.

장산마을

도심 떠난 장산마을
저녁연기 피어 오르고
멍멍개 짖는 소리
마음의 고향이다

외딴집 닭이 울어
산꿩이 대답 할 때
산그림자 잰걸음으로
산마을로 내려온다.

구곡산

장산과 구곡산은
한 뿌리 이웃 사촌

나란히 앉아서
바다를 즐기다가

구곡산 정상올라
경관에 탄성하면

장산은 웃으면서
맞장구 치다말고

어느새 뒤 돌아 앉아
마른배 아파하지.

장산

태백산 뻗어내려
장엄하게 우뚝 솟아

태평양 건너려다
동백섬 만들고

고운 모래 건져 올려
해운대 백사장 깔았다

옥녀봉 촛대바위
수영만 굽어보고

억새밭 새소리
하루 종일 즐겁구나

장산아 야호
해운대 사랑 영원하리.

가을날의 대천공원

햇님이 서산에
뉘엿뉘엿 기우는데

양지쪽에 혼자 앉아
햇살 당기는 저 할머니

우수수 지는 낙엽
하염없이 바라보며

허연 머리로
가는 세월 훔친다.

양운폭포

엊저녁 달 밝은 밤
선녀들이
가마소 맑은 물에
비단옷 한 벌
곱게 헹구어
기암절벽에
펼쳐 널어 놓았다

이른 새벽
마고당 할머니가
가마소로 날려보낸
흰 두루마기 한 벌
층층 절벽에 걸려
펄럭이고 있다.

마고당 앞에서

돌담울 둘러 싸인
조그만 성안에

기와집 한 채
신을 모셨다

높은 재단 위
정화수 떠 놓고

지나가는 사람마다
두 손을 모은다

우리 모두 건강하고
부자 되게 하소서.

동백섬에 가면

동백섬에 가면
동백꽃만 보지 마라
넓고 푸른 바다도 있다

동백섬에 가면
동박새 소리만 듣지 마라
슬피 우는 물새 소리도 있다

동백섬에 가면
동백 숲길만 걷지 마라
파도치는 둘레길도 있다

동백섬에 가면
수평선만 바라보지 마라
동백섬이 떠내려간다.

해운대 아가씨

결고운 스카프 목에 두르고
긴머리 휘날리며
해변을 걷는 멋쟁이 아가씨
눈은 금모래알로 빛나고
가슴은 파도처럼 출렁인다

주름진 원피스 해풍에 펄럭이며
파도가 철석이는
동백섬을 걷는 해운대 아가씨
입술은 연정으로 붉고
얼굴은 동백꽃처럼 예쁘다.

해운대 겨울

찬바람 불어오는
해운대 노천 족탕
함박눈이 내려와
하얀 발을 담근다
아! 눈이 온다
반가움의 탄성
아이들과 어른들
동심으로 하나되고
수평선 저 멀리
연을 날린다
새해 맞이 북극곰들
바다로 뛰어 들고
정월보름 달맞이하며
달집 태워 소원빈다.

선유도

바다는 잔잔하여
강물 되어 흐르고
명사십리 모래톱에
파도가 밀려온다
장자도야 노래하라
무녀도야 춤추어라
배 떠난 선착장엔
물새가 운다

바다는 호수 같고
유람선은 오락가락
왕녀봉 앞 갯벌에
참게가 꿈을 꾼다
망주봉아 소리쳐라
선유봉아 일어서라
새만금 방조제에
태양이 떠오른다.

2부
석등

성인의 말씀

하나님의 사랑 말씀
인류에게 영광이요

부처님의 자비 말씀
중생에게 큰 빛이다

거룩한
성인의 말씀
내 마음의 시정등불

산사의 대빗소리

이른 새벽 산사 마당
스님께서 쓸고 있다

슥슥삭삭 빗금치며
오물 낙엽 쓸려 가고

무심결
대빗소리가
자정기의自淨其意 설說하는듯

석태암*

장산이 품어안은
신성한 영험 도량

돌 지붕 산신각에
인등 밝혀 염원 기도

법당의
불교 음악이
암자 경내 흐른다

* 석태암 : 부산 해운대구 장산에 있는 조계종 암자

석등

한마음 한 뜻으로
대웅전 앞 자리잡아

염원의 불을 밝혀
어리석음 불사르던

그 옛날
등공양 일체
묵언 정진 서 있다

새벽의 염불 소리

암자에서 들려오는
은은한 염불 소리

부처님의 부름인가
나도 몰래 이끌리어

어느새
관세음보살
합장 삼배 아미타불

지표석

교문앞 지표석은 참된사람 되자하고
대로변 지표석은 정직하게 살자한다
저 외침
나무로 자라
하늘 기둥 세우길

대천공원 지표석은 바르게 살자하고
폭포사 지표석은 죄를 짓지 말자한다
저 말씀
꽃으로 되어
밝은 사회 이루길

연등

부처님 오신 날에
연등을 높이달고

가족의 건강 기원
소원성취 염원 기도

대웅전
부처님 앞에
연등공양 올렸네

산사의 가을밤

산야도 밤을 덮어
꿈을 꾸는 삼경인데

귀뚜라미 누굴 그려
저리도 슬피우나

풍경도
잠 못 이루어
객의 잠을 깨운다

공양

동짓날 팥죽공양
초파일 점심공양

물김치 하나 놓고
음식 맛이 꿀맛이다

모든 것
마음에 달렸다는
원효말씀 새긴다

밀양 영남루

용마루 강을 보며 날아갈 듯 날개 펴고
누각은 옛 정취로 발길을 붙잡는데
노래비
밀양아리랑
날 좀 보고 가란다

강바람 불어오는 난간앞 뒷짐지고
도포자락 펄럭이며 밀양들 관망하던
그 선비
어디로 가고
기둥들만 지켜섰네

쌍계사 원정스님의 법문

부자는 부자 대로
없는 이는 없는 대로

어느 누구 할 것 없이
짜친다는 중생의 삶

세상사
일체유심조
마음성찰 수행정진

아침의 청량산

곤안개 몰려와서
구름바다 펼쳐 놓고

아침의 청량산은
섬이 되어 떠노누나

일출 빛
운무 물들어
무릉도원 저기인가

등나무 1

울창한 범어사 숲길
터벅터벅 오르는데

전설속의 능구렁이
혀를 널름 거리며

나무를 칭칭 감고
꿈틀 꿈틀 늠실댄다

깜짝 놀라
발길을 멈추니

보랏빛 등나무꽃이
뚝 떨어진다.

등나무2

염불소리 흐르는
범어사 불도량

태고의 등나무
무리지어 살면서

오월이면 작심한 듯
구름 같은 꽃을 피워

불자의 마음으로
꽃공양을 올린다.

등나무3

남을 의지해야
설수 없는 가엾은 나무

쉼터 기둥 옆에
고이 심어 올렸더니

푸른숲 만들어
주렁주렁 꽃을 피워

사람들은 쉬어 가고
너 좋고 나 좋다.

등나무4

남의 멱살 꽉 잡고
다리 몸통 칭칭 감아

죽든 살든 처절하게
머리 위에 올라 앉아

꽃피우고 열매 맺어
소리 높여 만세 부른다.

등나무5

대나무는 꿋꿋하여
선비 대접

등나무는 기며 살아
하인 취급

대나무는 울안에서
사랑 받고

등나무는 대문 밖
가련한 신세

이제는 세상이
뒤바뀌어

등나무가 울안에서
사랑을 더 많이 받는다.

공원에서 어떤 기도

지팡이 짚고 가는
저 꼬부랑 할머니
허리 펴게 하여 주십시오

절뚝절뚝
저 비둘기
다릿병 고쳐주십시오

길바닥에 엎드려서
구걸하는 저 아저씨
일어나서 걷게하여 주십시오

장애아들 손잡고
산책 나온 할아버지
간절한 소원 들어 주십시오.

3부

솔바람 소리

성취의 기쁨

높은산 오르려면
험난한 길 인내극복

정상에 올라서면
온세상 내 발아래

희망봉
정복의 기쁨
우리 삶의 최고 희락

물의 힘

강철판 물 고이면
녹슬고 구멍나고

마른 땅 물 먹어야
누런목숨 살리거늘

물의 힘
알고서 살자
물로 사는 생명들아

12월

마지막 달력 한장
반성문을 써봅니다

정신없이 달려오며
허욕은 없었는지

무심코
내뱉은 말이
가시 되지 않았는지

동창생

언제 만나도
반가운 사람

잘나도
못나도

젊어도
늙었어도

그 시절
그날처럼

함께하면
좋은 사람

멀리서 웃으며
반갑게 손짓한다.

퇴임 환송 여행의 밤

거제도 펜션에
여장을 풀었던 밤

바다 소리 품어 안고
달빛을 당겨 덮고

사십년 푸른 시절
먼 하늘에 별입니다.

저 멀리 들려오는
마침 종소리

떠들썩한 개구쟁이들
운동장으로 달려나와

반갑게 인사하며
하나 둘 품에 안긴다.

추석 명절

온 가족 다 모이고
이웃과 정 나누고

햇곡식 햇과일로
풍성한 차례상 위

조상님
은덕 기리며
가족 소망 기원한다.

노래방에 가면

희미한 조명아래 반주음이 흘러 들면
사랑 이별 사연들이 제것인냥 흥에 취해
저마다
감정을 더해
애창곡을 부른다

분위기가 익어가고 어깨춤이 덩실덩실
새침데기 아줌마도 손벽치며 일어나서
꽁했던
멍에가 풀려
열창하며 흔드네

늙어지면 못 노나니

어느새 백발머리 병원 진료 잦아지고
나도 몰래 약봉지가 하나 둘씩 쌓여간다
젊어서
아끼던 일들
다 못한 것 한이다.

노세노세 젊어 노세 늙어지면 못 노나니
젊은이여 이 노랫말 마음 깊이 음미하길
먼 훗날
지팡이 짚고
후회하지 않도록

내일

오늘을 보내면서
내일을 당겨본다

건강한 하루하루
부처님께 기원하고

어제 일
거울로 삼아
밝은 내일 열어가리

차별

공부하러 가는 것도
운동하고 노는 것도

세상만사 모든 일이
발이 있어 가능한데

얼굴은
곱게 다듬고
착한 발은 푸대접

창문

커튼을 열어 놓고
창밖을 내다보면

나무들이 춤을 추고
새들은 날아가고

한폭의
자연 그대로
풍경그림 실물액자

치매

한 많은 무정세월
기억조차 싫으신지

실어로 헤메이며
가족들 영 몰라봐

세상일
다 내려놓고
천진난만 아기 됐네

결혼을 축하하며

뒷산에 고운 단풍
한창인 결실 계절

서로가 사랑하며
웨딩마치 백년가약

이제는
아들 딸 낳아
화락만년 하기를…

묵시

한라산 병풍치고
태평양 품어 안고

동서 남북 정기모여
영원한 안식 명당

손들아
큰 꿈 펼쳐라
신의 계시 있으리

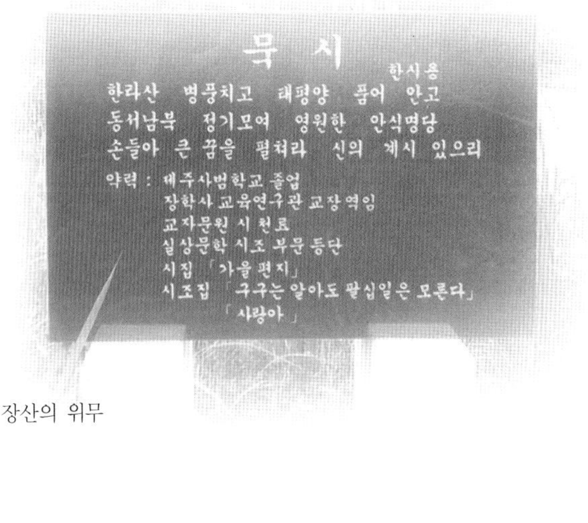

대학나무*

대학공부 시키려고
애지중지 밀감나무

농약치고 거름주어
한평생 잘 키워서

아들 딸 대학공부
손자 손녀 대학공부

세월이 많이 흘러
부모님은 노인대학

*대학나무
밀감나무를 심어야 대학공부 시킨다고 하여 제주에서는 밀감나무를 대학나무라고 부르기도 함.

손자의 동영상

손자가 보고싶어
동영상을 열어본다

귀여운 새실거림
천진한 손짓 몸짓

내 눈 속에 한 순간도
놓치고 싶지 않은

요놈은 나의 희망
무럭무럭 자라거라.

올레 1

나의 어린 시절
올레는 아이들의 놀이터
소꿉놀이 구슬치기
시끌벅적 하였다

올레가 있었기에
이웃과 소통하고
기쁨도 나누고
슬픔도 나누었다

둘렛길 갈멧길도
올레길로 이어져서
모두가 하나 되고
행복한 세상 되었으면…

올레 2

갈매기 우는 바닷길
들려오는 파도 소리
오름 둘레 숲속길
휘파람새 고운노래
골목길 굽이굽이
밀감향기 풍겨오는
저길 따라 정든님
그리움에 가슴 조이며
나를 찾아 오시려나
노을에 붉게 젖어.

물새가 우는 해변길
해녀들의 숨비소리
고갯마루 억새밭
뛰어노는 망아지들
돌담길 구불구불
유채꽃 향기풀어
저 길따라 고운님
그리움에 마음 태우며
나를 찾아 오시려나
달 뜨면 달빛 안고.

솔바람 소리

장산 솔 숲
가만히 귀 기울이면
휘파람 소리가 들린다

그 옛날
멀구슬나무 아래 앉아
휘 휘 불던

가녀린
아버지
휘파람 소리

나그네 설움
번지 없는 주막
즐겨 부르시던 아버지

하늘나라
어느 곳에 앉아
휘파람을 날리시나.

별아 내 가슴에

별아
내 품에 안기렴
빛나는 세상 살고 싶다

별아
내 가슴에 숨어라
스타 되어 노래하고 춤추고 싶다

별아
내 어깨에 달려라
장군되어 이 나라를 지킬게.

어머님과 마지막 커피 한 잔

오래도록 병석에 누워
웃음을 잃은 어머니
웃는 얼굴 보고싶어
기분 좋은 말씀 드렸다

“상용이가 박사 되었습니다!”
“박사가 무엇이냐?”
“아주 훌륭한 사람요”
“오래 살다 보니까!…”

부축 받아 앉으시더니
커피를 달라고 하신다
커피 한 잔 단숨에 들이킨다
커피 한 잔 마셔야 힘이 나신다던…

나도 돌아서서
눈물로 따라 마셨다
무슨 말씀을 하시려는 듯
나를 물끄러미 바라보셨다

그 날밤 중환자실로
옮겨가신 어머님!
모든 짐을 내려놓으시고
저 세상으로 훌훌 떠나가셨다.

치과에 가면

아
아
입을 크게

아
아
숨은 코로

아
아
할아버지도

아
아
할머니도

아
아
모두 아가야.

4부

발언대

탄식하는 한강물

위선당 하수구물 청아한 듯 소리 높고
비선당 썩은 오수 청화루로 흘러들어
용연못
비리한 냄새
실바람에 역겨워

광화문 성난 민심 촛불은 타오르고
안갯속 공황 정국 진실 또한 어느 곳에
누구를
믿어야 하나
탄식하는 한강물

명함들의 수난

선거일 다가오면
후보자 명함들이

길바닥에 나뒹굴며
밟히고 찢트리고

존귀한
이름 석자가
쓰레기통 나그네

정치인의 말

어제의 나발소리 비리인사 공직 배제
오늘의 관리임용 국민 앞에 당당한가
한술 더
말 바꾸기 말
소가 들어 웃겠네

지키지 못할 원칙 정한들 무엇하리
말 따로 행동 따로 눈가리고 아웅하기
하늘이
높다고 해도
정치인 말 그렇다

비정한 부모

밖에서는 양의 행세 집안에선 늑대마음
어린 것이 무슨 죄로 매 때려 죽음으로
동물도
제 낳은 새끼
사랑으로 키우건만

저 세상 가거들랑 좋은 부모 만나서
사랑을 듬뿍 받고 행복하게 웃으면서
이 세상
못다한 생을
영원토록 누리거라

맹종

빈소에 엎드려서
통곡하던 문상객

일어나서 상주보며
죽은사람 누구냐고

광화문
촛불 군중 속
이런 사람 없겠지

정치 현실

정권 야욕 눈이 멀어 본분을 망각하고
패권주의 당리당략 사사건건 발목잡기
오늘의
정치 병폐를
그 누구가 치료하리

동인 서인 좌파 우파 사색 당파 떠올리고
정책 실종 포플리즘 비선실세 비리까지
고질적
패걸이 정치
개혁하고 혁신해야

분재 유감

바르게 크는 나무
비틀어 등급히고

기형의 나무들이
정원에서 사랑받아

그래서
이 강산에는
큰 재목이 부재인가

지팡이의 헌신

지게를 지고가며 짚어 본 나무막대
세발로 걷는 걸음 안전하고 편안하다
등짐을
덜어주는 힘
높은 산도 넘겠네

할아버지 절둑절둑 눈길을 오르는데
가냘픈 작대기가 큰 힘이 되어준다.
지팡이
맨발의 헌신
저 땅이야 알겠지

불청객

병실에 누운 이웃
인연이 악연으로

스치고 지나가면
창궐하는 메르스병

서로가
금선을 치고
매정하게 손사래

여운

엊저녁 이상화양
금메달 딴거 봤지

그런 장면 보고 있음
눈물이 나더랑게

은반 위
애국가 울림
조국하늘 태극 물결

발언대

같은 꽃을 보면서도
느낌이 다 다르고

같은 말을 들었어도
생각이 다 다르다

내 말만
옳다지 말고
남의 의견 존중해야

소낙비

천둥이 우는 날은
하늘아래 대 청소날

세찬바람 비 퍼부어
검은 때 벗겨내고

생명의
싹을 키워서
온 세상이 푸르다

개미의 슬기

큰 비가 내리려나
집 둘레 흙성 쌓고

물난리에 대비하는
발빠른 움직임들

장마철
개미의 슬기
재난없는 한지붕

상처

가을 태풍 지나간 뒤
푸른하늘 뭉개구름

아무 일 없다는 듯
유유자적 떠도는데

폐허의
황금들녘엔
들새 한 쌍 울고 있네

배려

술잔을 권할 때에
어른 먼저 형님 먼저

약자위한 자리 양보
그 마음 아름다워

밀리는
차도에서도
배려 마음 깜박깜박

순응

비가 오면 원망없이
우산을 받쳐들고

눈이 오면 불평없이
외투를 찾아 입어

이 세상
모든 생명체
자연앞에 머리숙여

부동산 광고지

눈길이 닿는 곳에 어김없는 찌라시들
마음은 끌리지만 가진게 부족해서
입맛을
다시면서도
그림속에 떡이다

투자하면 책임지고 백퍼센트 수익보장
믿거나 못 믿거나 광고지 넘쳐나고
유혹의
말과 글들로
서민들을 홀린다

60년대 젊은이들

기근 이근 경험살려
광부로 간호사로

모진 고통 참아내며
땀흘려 근검절약

이 나라
경제발전의
주역으로 서 있다

너뿐만이 아니다

시궁창 냄새나는 오폐수 하수구물
청아한 목소리로 하천으로 숨어든다
소리만
맑은 척 마라
너뿐만이 아니다

비온뒤 흙탕물이 맑은 척 소리 위장
호수로 흘러들어 푸른물 더럽힌다
두 귀를
속이려마라
너뿐만이 아니다

변덕

꼭 같은 음식인데
그 맛이 다 다르다

아침 맛은 구수하고
저녁 맛은 짭고 맵고

입맛도
기분따라서
이랬다가 저랬다

작가

농부가 되었다가
어부가 되었다가

구름이 되었다가
바람이 되었다가

상상의
나랫짓 하며
이 세상을 노래하지

가을나비

늦가을 꽃밭에서
춤을 추는 나비야
찬바람 불어오고
함박눈 내리며는
네 갈 곳 어디냐
겨울 나기 준비하렴

내 집은 꽃밭이고
먹을 음식 꽃속 있고
단풍 고운 가을인데
춤을 추며 놀겠어요
화려한 옷도 있어
걱정이 없어요

찬서리가 내리고
꽃들은 시들어
날개로 몸을 덮어
덜덜 떠는 가을 나비
이제야 후회한들
누가 너를 감싸주리.

맥문동

내눈에는 네가
난으로 보인다

늘 푸른 잎하며
올 곧은 곡선하며

숨은 볕 받아먹고
그늘 아래 사는 것도

향기는 없어도
애교는 흘러 넘쳐

뜨거운 열정으로
포기마다 꽃대 올려

보랏빛 눈 웃음으로
뭇 나비를 놀린다.

꽃 박람회장에서

꽃길을 걸으며
꽃물에 젖어서
꽃향기에 취해서
꽃웃음에 겨워서
꽃속에 주저앉아
나비가 되어서

꽃마중 받으면서
꽃들과 얘기하며
꽃님과 마주서서
꽃노래 부르며
꽃장미 사연듣고
눈물을 흘리며.

탈

지면에 탈 쓴 이들
너무도 많이 본다

동물의 탈 쓴 사람
사람의 탈 쓴 동물

작금의 내가 쓴 탈
나는 어떤 모습일까

명경에 비춰보고
참 나를 찾아보자.

태양

뜨고 지고
지고 뜨고

낮 만들고
밤 만들고

높이 높이
번쩍번쩍

싱글벙글
웃으면서

열정으로
열심히 사는

영광의
붉은 태양.

연평해전의 비극

무엇이 모자라서
당하고만 있는 건가
사기 높은 대군 있고
오천만 국민 있고
애국의 원혼 앞에서
땅을 치는 국민 분노

치욕의 붉은 만행
두고만 볼 것인가
용기가 없습니까
나라 힘이 약합니까
떠나는 꽃송이 앞에서
통곡하는 국민 눈물.

장산의 위무

한시용 시인연보

이회영 그림

■ 출생 및 가족

• 1945년 5월 14일(음력)
청주 한씨 33세 아버지 재문공과 연주 현씨 을생의 장남으로 제주 서귀읍 보목리에서 출생

• 1976년 2월 9일
성주 이씨 상수공의 장녀 회영과 결혼
(당시 경남 밀양시 수산국민학교 교사)

• 1976년 11월 16일
장남 정민 출생

• 1980년 1월 26일
차남 정화 출생

• 2011년 5월 22일
차남 정화 밀양 박씨 부돌 처사님의 차녀 혜경과 결혼

• 2015년 4월 6일
손자 유준 출생

• 2016년 10월 28일
손녀 채원 출생

■ 학력 및 경력

- 1952년 3월 1일~1958년 2월 28일
  보목국민학교 수학

- 1958년 3월 1일~1961년 2월 28일
  서귀중학교 수학

- 1961년 3월 1일~1964년 2월 28일
  제주사범학교 수학

- 1963년 12월 31일
  무시험검정 국민학교 2급 정교사 자격 취득

- 1964년 5월 1일~1991년 8월 31일

  경남 이남국민학교 교사
  진북국민학교 교사
  일동국민학교 교사
  우암국민학교 교사
  산내국민학교 교사
  동광국민학교 교사

  부산 삼광국민학교 교사
  덕성국민학교 교사
  화명국민학교 교사

- 1973년 3월 2일~1975년 2월 28일
  한국방송통신대학 수학

- 1990년 8월 27일
  국민학교 교감 자격 취득

- 1991년 9월 1일~1993년 8월 31일
  부산 안남국민학교 교감

- 1993년 9월 1일~1994년 8월 31일
  부산 연신초등학교 교감

- 1994년 9월 1일~1998년 8월 31일
  부산광역시 교육청 장학사

- 1997년 8월 26일
  초등학교 교장 자격 취득

- 1998년 9월 1일~1999년 8월 31일
  정관초등학교 교장 역임

- 1999년 9월 1일~2002년 2월 28일
  반여초등학교 교장 역임

- 2002년 3월 1일~2003년 8월 31일
  부산광역시 교육과학연구원 교육연구부장
  (교육연구관) 역임

- 2002년 8월 21일
  교감자격연수(생활지도) 강연 출강

- 2003년 3월 1일
  우리들은 1학년 편찬 연구위원

- 2003년 3월 1일
  사회과탐구 부산의 생활(4-1) 편찬 연구위원

- 2003년 8월 22일
  교감자격연수(연구학교운영) 강연 출강

- 2003년 9월 1일~2005년 2월 29일
  광일초등학교 교장 역임

- 2005년 3월 1일~2007년 8월 31일
  과정초등학교 교장 역임

- 2007년 8월 31일
  정년퇴임

■ 수 상

- 1952년 3월 1일~1958년 2월 28일
  보목국민학교 6년간 우등상 및 개근상 수상

- 1975년 10월 18일
  보이스카우트 우수지도자 교육감 표창 수상

- 1976년 9월 15일
  교육연구논문 최우수 입상 경남교육감상 수상

- 1982년 8월 9일
  과학전시회 특상 경남교육감상 수상

- 1985년 12월 5일
  국민교육헌장 선포기념 문교부장관 표창 수상

- 1993년 9월 1일
  교육자료 전시회 특상 부산직할시 교육감상 수상

- 1996년 12월 20일
  학교체육활동유공 교육부장관 표창 수상

- 2007년 8월 31일
  정년퇴임「황조근정훈장」수상

- 이외 다수의 상과 표창 수상

■ 등단 및 저서

- 1966년
  교육자료 7월호 교자문원「봄소녀」
  미당 서정주 시인 1회 추천

- 1966년
  교육자료 10월호 교자문원「황혼이 올 때」
  미당 서정주 시인 2회 추천
  ※군 복무 관계로 천료 작품을 못 내었음.

- 1994년 11월
  교육자료 교자문원 시 천료(가을편지, 폭포, 그믐달)
  김종상 시인 추천

- 2007년 5월 10일
  시집「가을편지」펴냄

- 2013년 12월 30일
  실상문학 시조부문 (돌집, 불통, 비 내리는 신사)
  신인상 등단

- 2014년 9월 23일
  제1 시조집「구구는 알아도 팔십일은 모른다」펴냄

- 2016년 4월 5일
  제2 시조집「사랑아」펴냄

- 2019년 01월 25일
  제3 시조집「장산의 위무」펴냄

올 레

한 시 용 작사
현 천 량 작곡

장산의 위무

인쇄일 2019년 01월 21일
발행일 2019년 01월 25일

지은이 한시용
펴낸이 박철수
펴낸곳 도서출판 해암

등록번호 제325-2001-000007호
주소 부산시 중구 백산길 17 삼성빌딩 702호
전화 051)254-2260, 2261
팩스 051)246-1895
메일 haeambook@daum.net
ISBN 978-89-6649-162-9 03810

값 12,000원

*이 도서의 국립중앙도서관 출판예정도서목록(CIP)은 서지정보유통지원시스템 홈페이지(http://seoji.nl.go.kr)와 국가자료공동목록시스템(http://www.nl.go.kr/kolisnet)에서 이용하실 수 있습니다. (CIP제어번호 : CIP2019001183)